センチメンタルおとうたん

えちがわ のりゆき

講談社

いつか 大きくなった にちちゃんに 捧げます

この本は
にちちゃんのことが好き過ぎて
想いがあふれてしまっているおとうたんと
ちいさな にちちゃんとの
愛おしい日々の 記録です

おとうたん

まんが家・絵本作家。
ドーナツとコーヒーが
あれば幸せ。

にちちゃん

娘。絵を描くことが大好き。
好きなものはアイスクリーム。
夢はカフェを開くこと。

ぽっくん

息子。春生まれ。
食べることとパズルが大好き。
夢はミッキーになること。

おかあさん

雪国生まれ。
特技はお菓子作り。
朝食バイキングが好き。

おとうたん記念日

おとうたん!!
えっ〜!!
「おとうたん」という言葉でした

おとうたんはこの日のうれしかった気持ちを
にちちゃ〜ん!!
ぎゅ〜〜っ
ありがとう〜!
ずっとずっと一生忘れないよ

にちちゃんは
にちちゃん 大きくなったら チョコ たべれるんだよ〜！
そうだね〜
早く 大きくなりたいみたい
もちろん
もう おねえさん だから ひとりで くつ下はけたよ〜！
すごいね！
すごい？
パチ パチ
その成長は うれしいのだけど

おとうたんは
お〜い！
にちちゃん！
にちちゃん
ちがうよ！
おねえさん
なんだよ！
もう！
心の中でいつも

ゆっくり
ゆっくり
大きくなってね…
そう思うのでした

軽くなったよ

にちちゃんも
にもつ
もつ〜!

重さは変わらないけど
にちちゃん
ありがとね!
なんだか軽くなったような
気がしたよ

いつも
おやすみ〜
おやすみ〜
おやすみ〜
こうやって ねても…

夜中に
こうなって 起こされます

ためしに…
おやすみ〜
おやすみ〜
よしっ
こっちなら
大丈夫だろう…

やはり…
なんで…!?
こうなるのでした

王子さま

にちちゃんは
おーい!
にちちゃん!
にちちゃん ちがうよ!
「おひめさま」だよ!
もう!
「お姫さま」に
憧れています

そして
おとうたんは
王子さま?
そうだよ〜
にちちゃんの
王子さまだよ〜
あははは
調子にのって
そう答えていたら・・・

ある日
電車の待合室で・・・
王子さま〜!!
えっ!?
キョロキョロ
えっ!?
ビクッ!!
えっ!?

ね〜!
王子さま〜!
うっうん…!
そうだね…
あはは…

寝顔

もちろん
かわいいだけでなく
これ
お父さんの
大事なものだから
返して〜！
これ
にちゃんの
だもん！
やだ〜〜!!
手におえない
大変なときもあって
もう少し
大きくなったら
もう！しらない！
にちゃんも
しらない！
楽になるのかなあ とか
考えちゃったりするけど

寝顔をみていると…
zzz

ずっとずっと
いまのままで
いてね…
と思うのでした

いまたんじょうび？

にちゃんは
なんさいに
なったの？
3さいだよ！
ゆびは2
3さいになりました

誕生日の当日には
にちゃん
いま たんじょうび？
くるっ
そうだよ！
おめでとう
何度もたしかめてきて

クリスマスの話をしていると
にちちゃん
クリスマスには
なんさいになるの？
まだ3さい
だよ
そして誕生日の数日後には・・・
にちちゃん
いまたんじょうび？
もうたんじょうび
はなれちゃった？
まだ
ちかくに
いるよ
3さいのにちちゃんも
とっても愛しいです

結局はおかあさん

お出かけ中も
おとうたん だいすき〜!
きょうは おとうたんと ねる〜!
うん!いっしょに ねようね〜

家であそんでいるときも
きょう おとうたんと いっしょねる〜
うんうん!

お風呂の中でも
きょう いっしょに ねようね
うんっ！

でも ねむくなると・・・
おとうたん ヤダ！
おかあさんが いい!!
バッ

七五三

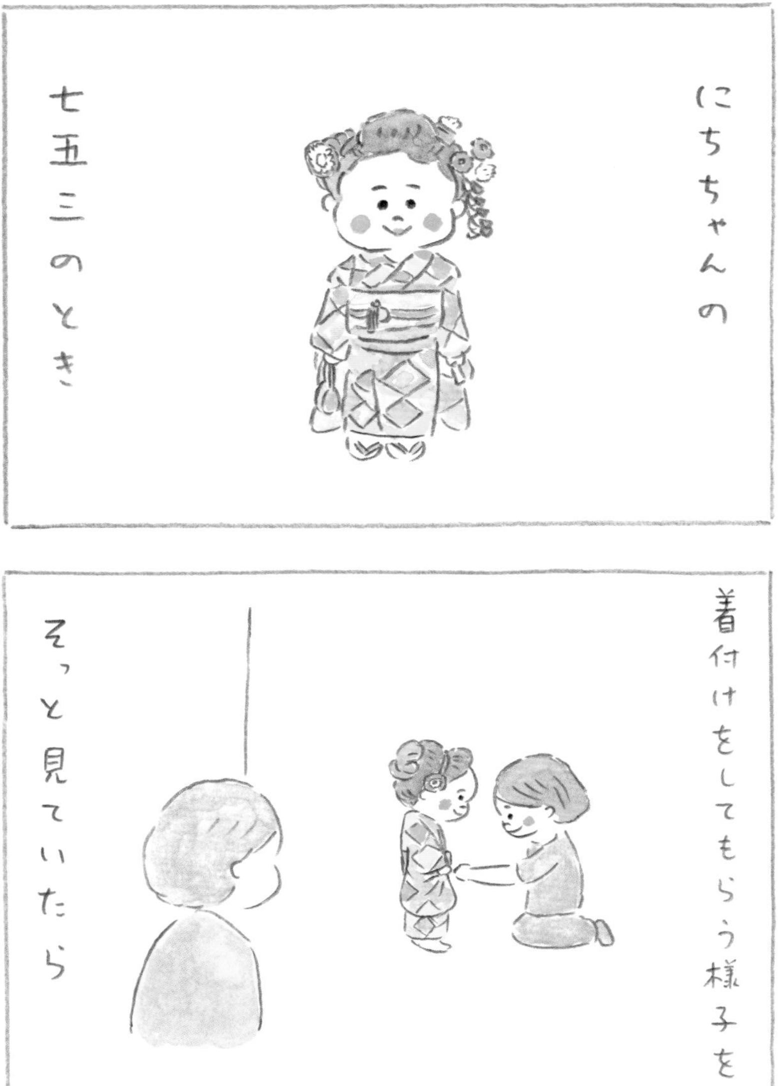
にちちゃんの
七五三のとき
着付けをしてもらう様子を
そっと見ていたら

結婚式の日のことを
想像してしまって

すこし
泣きました…

おとうたん
おたんじょーび
おめでと！
えっ!?
どうしたの？
サッ

スーパーのお花売場で
「これあげたら
おとうたん きっとよろこぶね！」
って にちゃんが
言ったんだよね〜
うんっ
そうなんだ…
ありがとう…
ジ〜ン

にちちゃんが はじめて
自分でえらんで
プレゼントしようと
思ってくれたことが

おとうたんにとって
なによりもうれしい
誕生日プレゼントに
なりました

おとうたん
だいすき〜
おとうたんと
結婚する〜
うんうん!
と言ってたと思ったら

そのすこし後には・・・
おとうたん
きらい!
やだ!
バッ
えっ!? なんで・・・
は〜い…

そんなときには
おとうたんは
なにがあっても
大好きだよ…
もうっ!
と心の中で思うのでした

…ちなみになぜだか時々
おとうたんのいないところでも
もうっ!
おとうたん
きらい!
えっ!?
おとうたん
いないよ…
なんで…
おかあさんでしょ…笑

よるはどこ？

にちゃんは最近
おはよう！
いま あさだよ
いま あさ？
まだ よる？
一日の流れが ちょっと分かってきたみたい

じゃあ よるはどこにいったの？
う〜ん
おうちに帰ったのかな？
でも またくるよ〜
ふふふ

そして夕方になったら
いま
ゆうがた？
うん そうだよ〜

こんなかわいいときが
あったなあって
にちちゃん
おひるがすき〜
おひるはどこ〜？
いつか
思い出すんだろうなあ

ピンクの水筒

にちちゃんにピンクの水筒を
買ってあげたら
ふふふ
家の中でも
ずっと持っていて

ごはんのときにも
にちちゃんは
すいとうで
お茶のむ～！
そばに置いて

そして
きょう すいとうと ねる〜！
そっか そっか
寝るときもいっしょに

子どもは本当に
ここに あるよ
あれっ…!? にちゃんの すいとうは〜？
夜中にねぼけて 起きた
かわいい瞬間で あふれています

入園式

にちちゃんが
幼稚園に
入園しました
にゅうえん
おめでとう

子どもたちはお日さまの
やさしい光に包まれて
とてもとても
きれいでした

この瞬間を
目に焼きつけたいと思ったら
胸がいっぱいになりました

そして夜…
一人になってから
にちゃん…
おめでとう…
うっ…
おとうたんの
にがおえ
思いっきり
泣きました

今日は ひとりで
ゆっくり 入れるぞ〜
と 喜んでいると いつも…
おとうたん よんだ？
えっ!? いやっ!?
呼んでないよ…

にちちゃん きょう おトイレで
おしっこも うんちも できたんだよ～
ペタッ
へ～
すごいね…

でも こんなことも
いつかきっと思い出すと
あたまも
ちゃんと
あらった？
ガチャ
うん…
あらったよ…
幸せな時間なんだろうなぁ
と思うのでした

にちゃんの
だんなさんは
おとうたん
なんだよ〜！
ちがうよ〜！
おかあさんの
だんなさんは
じいじ！
お父さんは
お母さんの
だんなさん
だよ〜
ふふふ

おとうたんは・・・
にちちゃんの
だんなさん〜・・・
ちがうもん・・・
えっ・・・

思わず泣いちゃった
にちちゃんが
おとうたんは
にちちゃんの
だんなさんだよ〜！
ぎゅ〜〜〜っ
おとうたんは
とっても愛しかったよ

それはいつの間にか…

そういえば
いつの間にか
あっ…！
ぎゅ〜っ
これよんで〜
抱っこひも
使わなくなったなぁ…

きっと
そんな風に
最後のベビーカー
最後のオムツ
最後の
いっしょにお風呂
いつの間にか
最後がやってくる

ひざの上の だっこも
いつか
最後になっちゃうんだよね…

ぎゅ〜〜っ
?

忘れていってしまう

にちゃんは
前も ここに
いっしょにきたね〜
えっ!?
にちゃん
はじめてだよ〜
やっぱり すこしずつ

小さかった頃のことを
あんなに
あそんだのに…
キャッ
キャッ
そっか…
忘れていってしまう…

後ろを振り向かず
走ってゆく
それが子どもの
強さだと思う

そして その強さに
いつも元気をもらっているよ
にちゃん…
おみせやさん
ごっこしよ〜
…でも
やっぱりさみしいな…

にちゃんは幼稚園が始まったばかりなのに
おかあさん〜
この服きていったら
○○くん
なんていうかな〜?
ピクッ
もうとっても仲良しの
男の子の友だちができました

夏休みがはじまると…
ようちえんおやすみだと
○○くんにも
あえないの〜?
うん〜
そうだね…

そして会話の中にも
ちょくちょくと…
にちゃんは
くだものは何が好き〜？
ん〜
〇〇くん〜！

みなさんどうか…
「おとうさんと〇〇くん
どっちが好き？」
という質問は冗談でも
にちゃんにしないでください…
(笑)

おかあさんは
お料理をする妖精ね！
わ〜
うれしい〜
おとうたん
は？

おとうたんは
絵をかく妖精ね！
おっ
いいね〜
あと
洗いものする妖精
あはは！

じゃあ
にちちゃんは
なんの妖精？

にちちゃんは
おかあさんを
守る妖精〜♡
ありがとう！
ふふふ

おとうたんが
はぁ…
元気がなかった日のこと…
おとうたんのつくったカレー
おいしいね！

いや、これはお母さんが作って
おとうたんはあたためた
だけだよ〜

おとうたんがあたためてくれた
カレー おいしいね！
にちゃん
ありがとう…

おとうたんがお風呂で落ち込んでいたとき
おとうたん〜
はぁ…
寝たと思っていたにちちゃんが…
おつきさんが きれいだよ〜
こんなカタチ！
クイッ
えっ…!?

あとで 一緒に
みようね…!
ありがとう
にちゃん…
うんっ
今日のお月さんは特別
ずっと覚えてたいな…

お母さんが好きそうなものを見つけると・・・
これ おかあさんに あげたら うれしむかな？
（うれしい）
そうだね～

ばあばが作ってくれた洋服を着ている日は・・・
これきてたら ばあば なんていう～？
きっと「かわいいね」って言うね

お友だちが好きなものがあると・・・
これ さっちゃんすきな
ユニコーン！
さっちゃん みたら
なんていうかな？
あっ！
にちちゃんの心には
いつも誰かがいるんだね
ね〜ね〜
なんていう？
それは とっても
素敵なことだと思うよ

にちゃんは
このゆびを
こうおるんやで〜
そうなんだ〜
ピッ
4さいになりました
誕生日のときにおとうたんはいつも
あと何回
家族で一緒に
お祝いできるんだろう…
わ〜い!
と考えてしまい・・・

そして
切なくなるとわかっているのに…
にちちゃん
ずっと一緒に
お祝いしようね！
うん！

なぜかそう
言ってしまうのでした…
もう
たべていい〜!?
いいよ〜

にちちゃんの4さいの誕生日は
何さいですか〜？
4さい！
なら乗れるね〜
ピッ
遊園地にいきました

前なら絶対怖がっていた
うわ〜〜!!
キャッ
キャッ
乗り物に乗れたり

一人だけで乗れる乗り物が
とってもうれしいみたいで
おとうた〜ん！
ちょっと
さみしい…
何度も乗っていました

帰りは遊びつかれて
眠ってしまったにちちゃんを抱え
ぎゅ〜っ
ス〜ッ
しあわせを
いっぱい吸い込みました

おとうたんの涙の誕生日

おとうたんの誕生日の日に
すき焼きを囲んで・・・
じゃあ にちちゃんから
おとうたんに
一言 おねがいしま〜す!
うんっ
わ〜い!

えっと〜 肩こりもなく〜
かぜもひかないで〜
ん〜
あと〜
うんうん
あはは

にちゃんが生きてるあいだも
生きていてね！
あと〜
えっ…
!?

お空のうえにも
いっしょにいこうね！
にちゃん…
すき焼きがにじんでみえました…

いちばん近くにいるファン

そして新しくできたグッズを見せると・・・
ねえねえ！
これにちちゃんがお姉さんになって小学校いくようになったらくれる！？
うんあげるよ～
いつも元気をたくさんもらえて
ちょっとながいな～
ありがとうね…
おとうたんはしあわせものです

仲直りの仕方

疲れていたり余裕がないと
おとうたん キライ！ もう〜ずるい！ あそんであげない！
もう あっちいくね！
ついつい ケンカにも・・・

でもしばらくすると・・・
んっ？
ピタッ

あっ…

にちゃん…
さっきは
ごめんね…
おとうたん
これよんで〜
こうして
仲直りするのでした

夜の反省

おとうた〜ん！
お医者さんごっこ
しよ〜！
ごめんね〜
いまお仕事してるんだ〜

おとうた〜ん
絵本よんで〜！
ごめんね〜
まだちょっと
やることがあるの〜

そして にちちゃんが 寝静まった夜・・・
あそんであげれば よかったな・・・

「あしたはあそぼうね」と
心に誓うのでした・・・

にちちゃんは夜寝るときは
必ずお母さんにくっついて眠ります
いいなぁ…
ぎゅ〜
おかあさ〜ん

そして久しぶりにおとうたんと
ふたりだけで眠る夜が……
今日はお母さんいないから
さみしかったら おとうたんのところ
来ていいからね〜
うんっ！

きっと・・・
おとうたーん！
バサッ
おいで
おいで♡
おとうたん
おやすみ〜
にちちゃん
おやすみ〜
ふふふ♡

あれっ!?
もうねたの…!?
ひとりでしずかに
寝てました・・・
すっ〜〜
がバッ

ちょっと前までは・・・
にちゃん
おとうたんと
おでかけする？
えっ!?
いくいく!
やった〜!
でも最近は時々・・・
にちゃん
おとうたんと
おでかけしよ〜!
え〜
にちゃんは
おうちでおままごと
してる〜

じゃ…じゃあ どこかで お茶とかしちゃう!?
えっ!?
あと… えっと〜…
にちゃん おうちで ぬくぬくしてる〜

おとうたんはまだまだいっしょにいろんなものを見たいし
そっかあ〜
しょんぼり…
にちゃんのいろんな顔を見たいんだよ

春の訪れとともに
新しい家族が
我が家に
やってきてくれました

そして
にちちゃんは
かわいい〜♡
お姉さんに
なりました

まだお腹の中にいるときに
なんて呼ぼうか？
ぽっくんにする〜！
「ぽっくん」という呼び名をにちゃんがつけました

ぽっくん
うまれてきてくれて
ありがとう・・・
これからよろしくね

にちゃんは ずっと前から
おかあさんの おなかに 赤ちゃんが やってきます ように〜!
いつもけっこう 大きな声で(笑)
ふふふ
赤ちゃんを たのしみにしていました

お腹に赤ちゃんができたと 分かってからは・・・
みて〜!
これ ぽっくんの おもちゃ つくったよ〜!
ぽっくん よろこぶね〜!

そして昨年のクリスマスの時には・・・
サンタさんのプレゼントは
ぼっくんのパジャマ
おねがいする〜！
えっ!?
にちゃんのは？
まだうまれてないし・・・

にちゃんは
まえにパジャマもらったから
いらない〜
ほんとうに
たのしみなんだなぁ〜
ふふふ

ずっと並んで…

退院して帰ってきた日・・・
ただいま〜！
ぼっくん〜♡
かわいい〜♡
家族が増えたことが
なんだか不思議で
すぐには
実感できなかったけれど

郵便はがき

料金受取人払郵便

小石川局承認

1105

差出有効期間
2024年 6 月27
日まで

切手をはらずに
お出しください

1 1 2-8 7 3 1

東京都文京区音羽二丁目
十二番二十一号

講談社エディトリアル 行

ご住所	□□□-□□□□		
(フリガナ) お名前		男・女	歳
ご職業	1.会社員 2.会社役員 3.公務員 4.商工自営 5.飲食業 6.農林漁業 7.教職員 8.学生 9.自由業 10.主婦 11.その他( )		
お買い上げの書店名	市 区 町 書店		

このアンケートのお答えを、小社の広告などに使用させていただく場合がありますが、よろしいでしょうか? いずれかに○をおつけください。

【 可 不可 匿名なら可 】

*ご記入いただいた個人情報は、上記の目的以外には使用いたしません。

TY 000015-2205

愛読者カード

今後の出版企画の参考にいたしたく、ご記入のうえご投函くださいますようお願いいたします。

本のタイトルをお書きください。

a 本書をどこでお知りになりましたか。

1．新聞広告（朝、読、毎、日経、産経、他）　2．書店で実物を見て
3．雑誌（雑誌名　　　　　）　4．人にすすめられて
5．書評（媒体名　　　　　）　6．Web
7．その他（　　　　　）

b 本書をご購入いただいた動機をお聞かせください。

c 本書についてのご意見・ご感想をお聞かせください。

d 今後の書籍の出版で、どのような企画をお望みでしょうか。
興味のあるテーマや著者についてお聞かせください。

ご協力ありがとうございました。

夜に
3人が並んで寝ているのを見て
4人家族になったことを
やっと実感できました

これから先もず〜っと4人で
並んで寝られたらいいのになあと
しあわせを
噛みしめました…

おとうたんは一日に一回
ちょっとつかれちゃった…
にちゃーじさせて〜
えっ？いいよ〜
「にちゃーじ」させてもらいます

ぎゅっとしながら大好きな気持ちを
にちちゃんだいすきだよ〜
ぎゅっ
にちちゃんもだいすき〜！
言葉にして伝えます

やがて
にちゃんが大きくなって
はあ〜
元気でた〜！
おとうたん
絵本よんで〜
もってくる〜
ぎゅっとさせて
くれなくなっても

形を変えて
いつまで
にちゃージ
させてくれるかな…
この気持ちは
伝え続けていきたいな

心強い

忘れものをしたとき…
あっ！自転車のかぎ忘れちゃった！
にちゃんがもってきてあげる〜！
タッタッタッ

なくしものをしたとき…
あれ…!? めがね どこやったっけ…？
ガサゴソ
車のうしろのとこにあったよ〜！

何かを思い出したいとき・・・
あれっ…？
この本どこで
買ったっけ…
それは にちちゃんの
おようふく買ったときの
お店だよ

そして
落ち込んでいるときにも・・・
おとうたん
そういうときもあるし
そんなときもあるから
大丈夫だよ
にちちゃん…
ありがとう…
ほんと頼りになる
にちちゃんなのでした

2人で水族館に行った時のこと…
もうつかれて
あるけない～
だっこして～
えっ～
だっこしたら
傘させないよ～

帰り道でケンカになりました
じゃあ
雨ぬれちゃうからね～！
いいもん！
もうっ！
もうっ！

そして駅のホームで気まずい空気になりながら・・・
にちゃん…
さっきはごめんね…
おとうたん
つかれちゃってたみたい…
つかれちゃうと
ケンカに
なっちゃうよね～
仲直りしました・・・

いつの間にか「普通のケンカ」が
また水族館
いこうね！
うん！
いく～
できるようになったんだなあと
しみじみと思いました

おとうたんも
だよ〜!
おとうたん
だいすき〜♡

にちちゃんは
100個だいすき〜!

100個と100個と100個と…
かいじゅうのおっきさぐらい
だいすき～!!!!
こんなに
こんなに！

これはもう…
まちがいなく…
いつか思い出して
泣いてしまうやつです…
ねぇねぇ
100個って
どれくらい？

そっかあ…
心が割れちゃったんだね…
心のハートをみせてみて〜
おかあさん
つかれちゃって
元気がでないんだ…

よ〜し
にちちゃんがハートを
くっつけてあげるね！
ん〜〜っ
いくよ〜！

ハートを
カチッ♡

にちゃん…
ありがとう…
これでもう
だいじょうぶ
だよ！

いろいろわかってきている

おとうたんが
おじいちゃんになるの
いやだ〜！
ずっと一緒に
いる〜！

大丈夫…
おとうたんは おじいちゃんになっても
ず〜っと一緒にいるよ！
ぎゅ〜〜っ

100%いっしょだね

おとうたん
レンコン大好き〜!
レンコンって
おいしいよね〜
おとうたんより にちゃんの方が
ん〜っ…
100%大好き〜!!
100%だと
おとうたんと一緒って
ことだけどね…
ふふふっ

じゃあ おとうたんの方が その100%大好き〜!!
よ〜し!
んっ〜!
じゃあ にちちゃんは その100%と100%と100% 大好き〜!!
いいね〜! あははっ

にちちゃんは赤ちゃんのときから
おとうたんははなれて〜！
ポッン…
寝るときは必ずお母さんにぴったり
でもお母さんがぽっくんを産むために
入院していた間だけは
おとうた〜ん！
よしよし
毎日くっついて寝てくれて
それはそれは幸せな時間でした

しかしぽっくんも一緒に寝るようになってからは・・・
おとうたんはやだ!!
バッ!
ポツン・・・
また元通りに・・・

ですが・・・ごくたま～に一緒に寝てくれるようになりました
でも・・・
だいたいこんな感じ
でもうれしい

5さいの誕生日の朝

にちゃんは
5さいになりました
ぽっくんが大きくなったら
うしろ乗せてあげるね～！
誕生日プレゼント
は自転車

おとうたんが
荷物重い～って言ったら
にちゃんの自転車のカゴに
入れてあげるのが
夢なんだ～！
あはは！
たのしみにしてるよ～

いつも優しさいっぱいで
家族思いな にちちゃん
おうち帰ったら
自転車乗る
練習しようね!
うん!
ようちえん
すくすくと元気に
育ってくれてありがとう

幼稚園に送った帰り道
なぜかふいに涙があふれ出してきて
にちちゃん…
うっ…
ううっ…
号泣しながら帰りました…

休日のある日
二人でお昼ごはんを食べに
出かけていたら…
おとうたん おとうたん！
ちょっと こそこそ話が
あるんだけど…
んっ？
なに？

〇〇くんと
結婚する約束
しちゃった…♡

にちゃんが
おひめさまで
おとうたんは
王子さまね〜
おとうたんとけっこんして
ず〜っといっしょにいる〜
にちゃんは
おとうたんの
およめさんね〜
だから おとうたんは
おとなりに住んでいいよ
一瞬時が止まり・・・
そっ… そうなんだ
よかったね・・・
へ〜
そのあとも平然を装うのに
必死でした・・・

おとうたんのしあわせな誕生日

おとうたんの誕生日の朝・・・
おとうたん おたんじょうび おめでとう〜!
ありがとう〜!

そして幼稚園に送る途中
にちちゃん 大人になったら 赤ちゃん うんで おかあさんみたいな おかあさんになりたいんだ〜
へ〜 いいね〜!

それでね
おとうたんと おかあさんと
いっしょに住むんだ〜!

そう思ってくれた気持ちを
何よりの誕生日プレゼントとして
うんうん
ありがとう〜!
ふふふ
おとうたんは
ありがたく頂きました

あっ もうすぐ バレンタイン だね～
にちちゃん ハートの王冠かぶって 好きな人に チョコあげる～
へ～！ にちちゃん だれにあげるの～!?
ないしょ～♡ でもお母さんにだけ 教えてあげる～

おとうたんだよ・・・
ひそひそ・・・
へ〜
いいね〜

お守り

おとうたんがやることがいっぱい過ぎて
♪気楽にいこうぜ〜♫
はあ…
ゲッ
と気晴らしに歌っていたら…

にちちゃん何つくってるの〜？
おとうたんにおまもりつくってるの〜

にちゃんの優しさに触れ
はい
これおまもり〜
胸が熱く
あったかくなりました
子どもはいつも
ここにちゃんと
幸せはあるよと
にちゃん
ありがとう…
グスン…
教えてくれるんだなぁ

親ばなれ

高校生になったら「おやばなれ」するねんて〜
ママ知ってた？
親ばなれって何か知ってるの〜？
おかあさんとおとうたんと別々に住むことだよ〜
へ〜
えっとね…

いやっ 高校生じゃなくて
大学生とかから だし
する人もいれば
しない人もいるしね〜！
にちちゃん
大学生になったら
おやばなれ
する〜

にちちゃんの宝物

おとうたんの宝物は
3つあります〜
なんでしょ〜？
さて問題です！
知ってるよ〜
にちちゃんとぽっくんと
お母さんでしょ〜！
いつも言ってるし〜
…
正解〜！
じゃあ
にちちゃんの宝物は
4つあります〜！
なんでしょ〜？

ぽっくん と お母さんと
おとうたんと…
あと〜…？
えっ!? 4つ…
正解は
ぽっくんと お母さんと
おとうたんと…
「自分」でした〜！
ちゃんと自分のことも
大切にしていることが
見習わなくちゃ〜
自分を大切にできる
にちゃんは
とっても素敵だね〜
てへへ〜♡
おとうたんは
とってもうれしかったよ

月見だんご買ってきたから
夜にお月見しようね〜
お月見!?
ちょっと待ってね!
「おつきさま
いつもあかるく
てらしてくれて
ありがとう」って
書いたの〜!
へ〜お月さんに
お手紙書いたの?

そして夜・・・
今日は
カーテンしめないでね！
お月さんの光があたるところに
お手紙おいてあるから〜

いつか思い出したら
愛しくて泣けてくるエピソードが
うん！
きれいだね〜
こうしてまた
増えていくのでした・・・

お…と…
う…さ……
あれ…「さ」って
どうやって書くんだっけ…!?
また お手紙
かな…

だ…い…
す……
う〜〜〜ん…
ふふふ

おとうたん～
「す」って
書いて～！
は～い
いいよ～♪

もらう前も
もらってからも
はい
どうぞ～♡
んさうとお
きすいだ
わ～！
うれしいな～♡
2度うれしい
にちゃんのお手紙なのでした

ねえねが大好き

ぽっくんが一番口にする言葉は
ねぇねがだっこしてあげようか♡
ねぇね！
ねぇね！
「ねぇね」

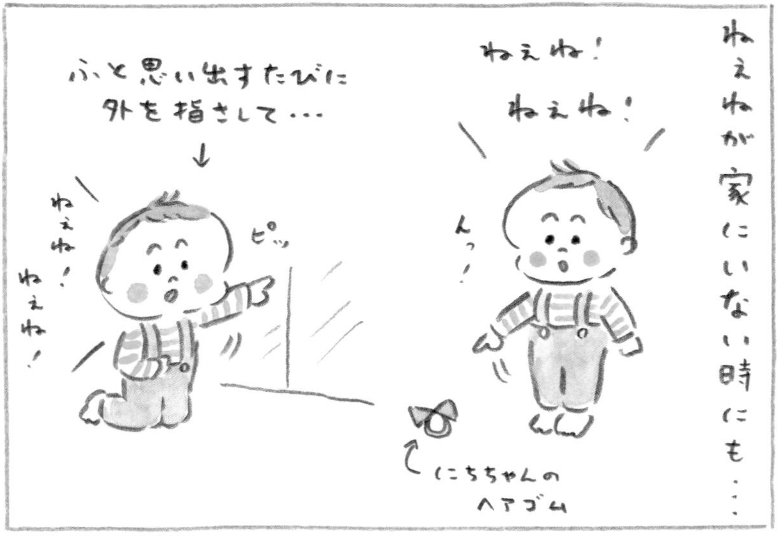
ねぇねが家にいない時にも…
ねぇね！
ねぇね！
んっ！
にちゃんのヘアゴム
ふと思い出すたびに外を指さして…
ピッ
ねぇね！
ねぇね！

そしてねぇねが帰ってきたら・・・
ただいま〜!
わ〜!!
ねぇね〜!
ねぇね〜!
大喜び♡
ドタッ
ドタッ

でも・・・はじめて話せた二語文は・・・
あっち いって〜
あっち いって〜
よくねぇねに言われてる言葉(笑)

6さいの誕生日

にちゃんは
6はこうだよ〜
ピッ
プレゼントのドレス
6さいになりました

誕生日の夜…
にちゃんが赤ちゃんのときは
どうやって寝かせてた〜?

また赤ちゃん抱っこが
できたことに
まだ できたね～！
こうだよ～
よいしょ…！
なんだか
すこし ほっとして…

そして…
まだまだ
小さいなあ…
小さな背中が 愛しくて
そっと泣きました…

クリスマスツリー

今年もクリスマスツリーを
1年前は赤ちゃんだったからツリーはおぼえてない？
出しました

まだツリーの方がちょっと大きいね～

でも さきっぽは
さわれるよ～！
ほらね！
ピッ
ほんとだ～
大きくなったね～

こうして一緒にツリーを出すことができるのも
みんなで
うたいながら
ツリーのまわり
まわるよ～♪
あはは
いいね！
ほんとあと数年なんだなあと
しみじみ思ったのでした・・・

おとうたんの誕生日の朝
ごそごそ
起きるとすぐ自分の机で
なにやらごそごそ…
そして…
わ〜!
王かんと
うでわだよ〜
はい!
おめでとう〜
おりがみでプレゼントを
作ってくれました

ものづくりが大好きな
にちゃんの夢は
「まんが家」「カフェを開くこと」
これは ハート？
ううん ダイヤ〜
「幼稚園の先生」「アイドル」……
などなどたくさん！

どんな道に
進むとしても
おかあさんのも つくるんだ〜
おとうたんは それを
そばで見守っていたいなあ

抱っこ

にちちゃんは　小さい頃から
おとうたん
だっこ〜
つかれた〜
え〜
おともだちは
みんな歩いてるよ〜
抱っこ抱っこでした
ぽっくんがうまれてからも
ぽっくんばっか
ずるい〜
にちちゃんも〜
にちちゃんは
もう5さいだよ〜
抱っこ抱っこ…

・・・でも最近
ほとんど言わなくなったんです
そう言えば・・・
えっまさか とうとう・・・
抱っこが終わってしまう・・・？
スタスタ・・・
いざそうなると・・・
にちちゃん
抱っこしてあげようか？
？
急激に
さびしくなるのでした・・・
（笑）

幼稚園の送り迎えも
ほんとあと少し・・・
うわ〜！
雨がふって
きたよ〜！
急いで
帰ろう〜！
愛しい思い出が
たくさんあります
一緒に歌ったり
疲れて寝ちゃったり
コツン
ずっとおしゃべりする日もあれば
大丈夫…？
ずっと黙ってる日も・・・

そして 仕事がうまくいかず
落ち込んだ日のお迎えは
にちちゃん・・・
グスン・・・
おとうた〜ん♡
いつも にちちゃんが
癒してくれました・・・
それがもう
終わってしまうなんて・・・
どうしよう〜!!
さびしすぎるよ・・・
ずっとずっと
送り迎えしたい・・・
まだ受け入れられない
のでした・・・

子どもたちは もう
前を向いていて
みんな　みんな
げんきで
さようなら
進むための
さようならなのに・・・

おとうたんは
さびしくて 泣いてばかりで・・・
ううっ・・・・
ほんとだめなおとうさん
だなぁと思います・・・

大きくなってくれて
ありがとう
そつえん
おめでとう
元気でいてくれて
ありがとう

本当に
ただいてくれるだけで
ありがとう
うぅっ…
ねぇ〜
はやく
とってよ〜!
それをいつも
忘れないように
したいと思います

いよいよ小学生に

にちちゃんは
入学式
小学生になりました

初日の下校は 心配なので
学校まで迎えにいくことに…
にちちゃ〜ん！
むかえにきたよ〜
えっ!?
おとうたん
なんでいるの〜？

でも・・・
おとうた〜ん♡
サササッ・・・
あれっ・・・!?
にちゃんはそそくさと下校班の列へ・・・
さびしいけれど・・・
にちゃんも早く慣れるためにがんばってるんだよね・・・
そうだよね・・・
しんみり・・・
にちゃんの成長を心強く感じるのでした

追いかけたら
うわ〜!!
キャ〜!!!
楽しそうに
逃げてくれて
くすぐったら
こちょこちょ
こちょ〜!!
笑い転げてくれて

いつでも
にちちゃん
抱っこさせて〜
いいよ〜
抱っこさせてくれて

いま
当たり前のことが・・・
ぎゅ〜
この先もずっと
当たり前のような
気がしちゃうんだよな・・・

もし人生の最期が来た時
この光景を思い出せば
ああいい人生だったなあと
思える瞬間がいくつもある

それは
おとうたん！
おとうたん！
おとうたんって言ってるよね!?
うん！言ってるね！
とても大きな
出来事であったり

ほんとなにげない
おとうたーん！
ただいまー！！
にちちゃ〜ん！
おかえり〜！
日常の光景だったりする

僕らはいつも
2度とは戻らない
愛しい時間の中に
いるんだなあ

おとうたんの
パパ〜
パパ〜
はいはい〜
おとうたん
はやく〜!
たのしみはね・・・

にちゃんとぽっくんが
毎日をのびのびと
ねえね〜
ぽっくん
いこう〜
安心して過ごせるように
見守りながら

二人が
こぼしていった
キラキラした
幸せな思い出たちを

そっと拾い集めて
時々眺めたりして
ちょっと待ってね〜
ぎゅっ
おとうた〜ん!
はやく〜〜!
ずっとずっと
大切にすることなんだよ

おとうた〜〜ん!!
はやく〜!
ゆっくり
ゆっくり
大きくなってね・・・

センチメンタル

にちちゃんが生まれてすぐ
日々のすごい早さでの成長 ひとつひとつを
忘れたくないという想いから
成長日記を描き始めました

ここでは その一部を
ご紹介します

おとうたん

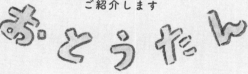

にちちゃんの首が
すわったよ

最近のにちちゃんの
お決まりポーズは
「おいのりポーズ」だよ

寝がえりしたあとの
うれしそうな顔が
ほんとかわいい

下の歯が
生えてきたり
ちょっとだけ
お座りできるよ

にちゃん調査隊（机の角っこ編）

1、まずさわりながら
よく見る

じーーー

2、にち隊長の
得意とする親指調査

よく腕にも
やってきて結構
痛い
グリグリ

3、最後はとりあえず
口に入れてみる

はむっ

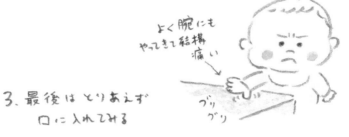

にちちゃん見守り隊

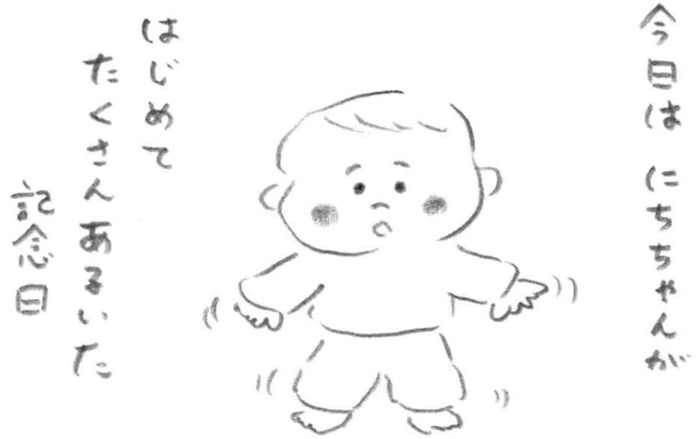
今日は にちちゃんが
はじめて たくさんあるいた
記念日

❶

❷

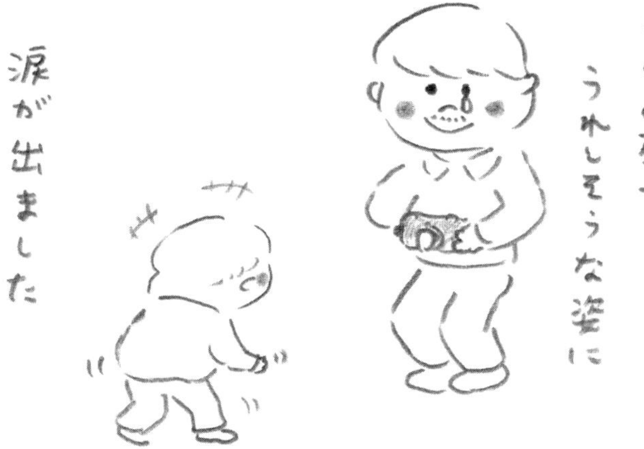
その必死で うれしそうな姿に
涙が出ました

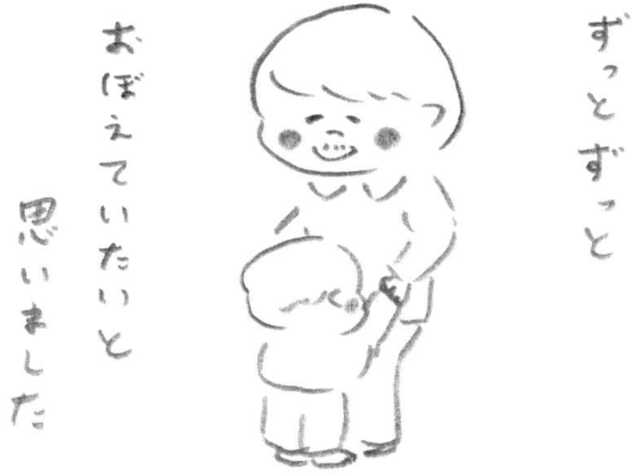
ずっとずっと
おぼえていたいと
思いました

❸

❹

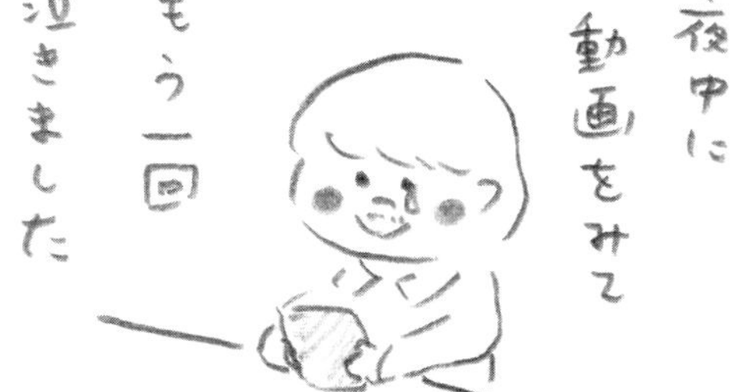
夜中に
動画をみて
もう一回
泣きました

1才の誕生日の夜

にちちゃんは
すくすくと1才に
ほんとにありがとう…！
zzz

❶

この1年は
ほんとあっという間
だったなぁ…
zzz

❷

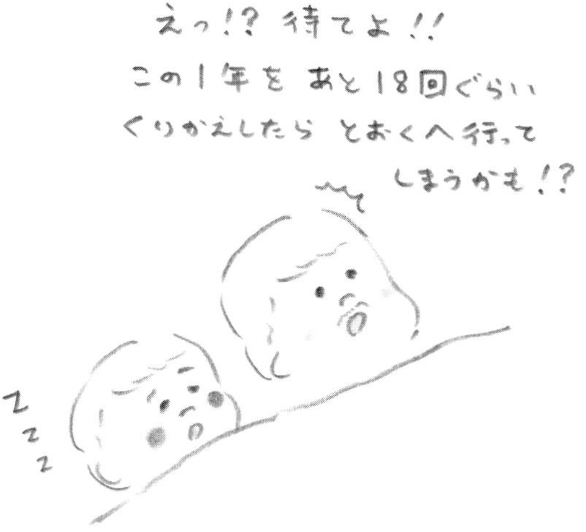
えっ!? 待てよ!!
この1年を あと18回ぐらい
くりかえしたら とおくへ行って
しまうかも!?

❸

❹

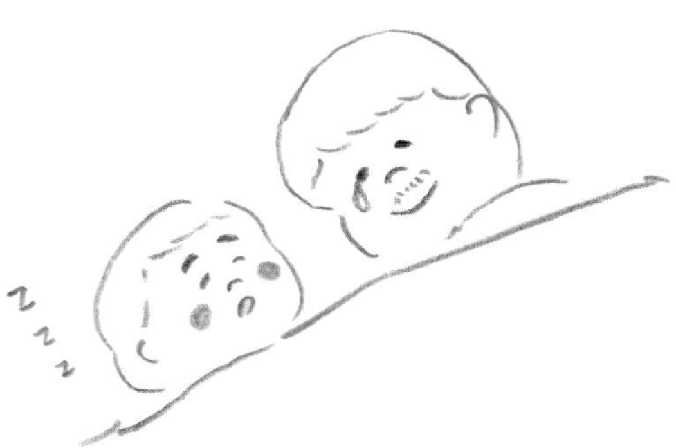

はじめてのくつ

歩けるようになったから
くつを買ってあげました

❶

❷

さっそく落ち葉の中を
うれしそうに歩いていました

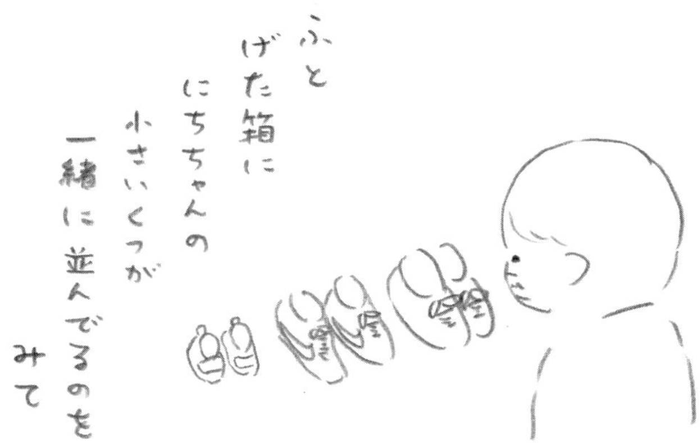
ふと
げた箱に
にちちゃんの
小さいくつが
一緒に並んでるのを
みて

❸

❹

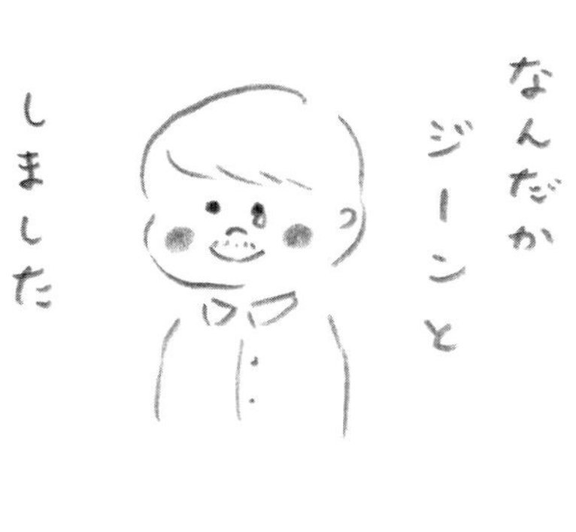
なんだか
ジーンと
しました

指さしブーム

❶

❷

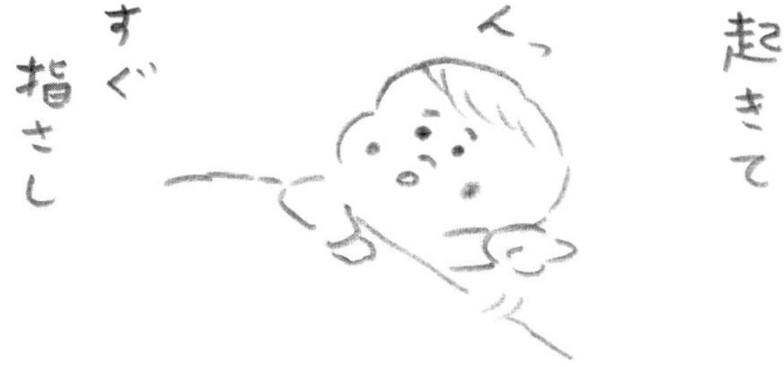
起きて
んっ
すぐ
指さし

❸

❹

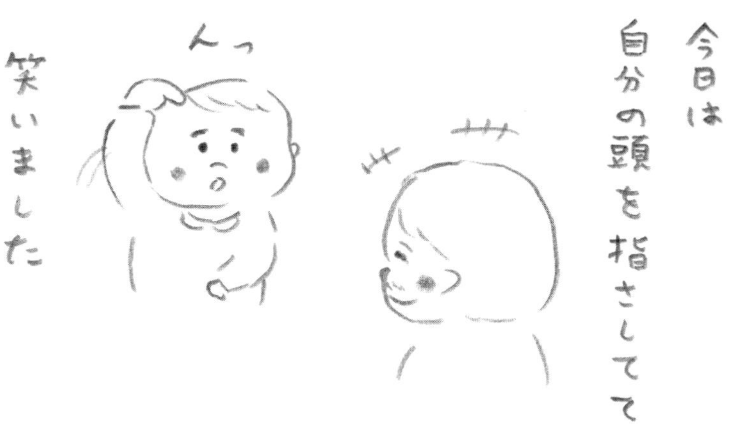
今日は
自分の頭を指さしてて
んっ
笑いました

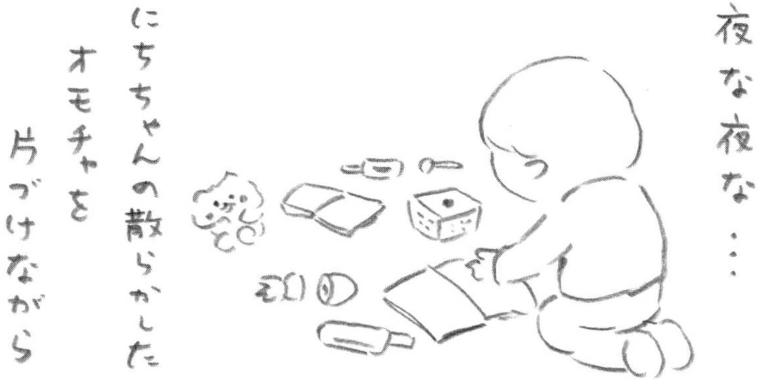
夜な夜な…
にちゃんの散らかした
オモチャを
片づけながら

❶

❷

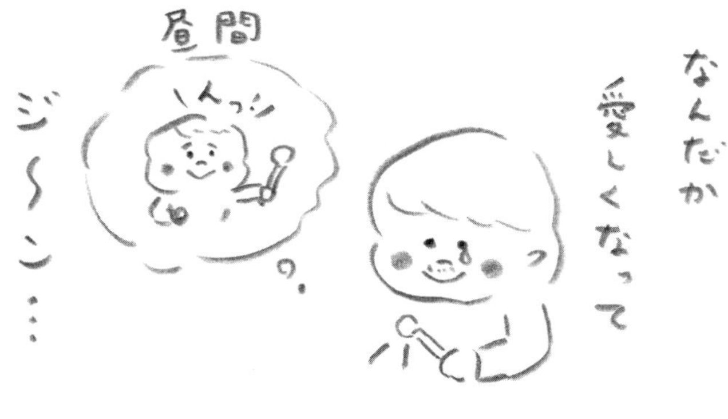
なんだか
愛しくなって
昼間
んっ!!
の。
ジ〜ン…

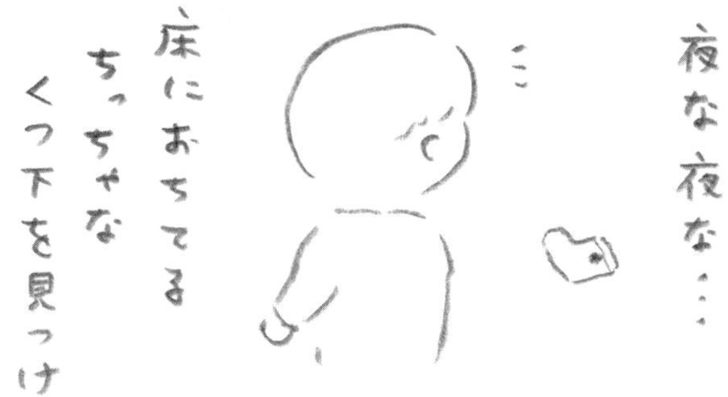
夜な夜な・・・
床におちてる
ちっちゃな
くつ下を見つけ

❸

❹

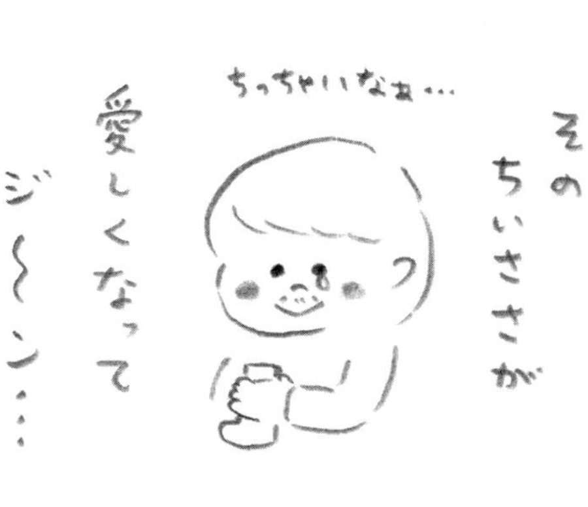
ちっちゃいなぁ…
その
ちいささが
愛しくなって
ジ〜ン・・・

にちゃんがくれるもの

にちゃんは
いつも
んっ！
色々なものを
持ってくる

❶

❷

だいたいは
読んでほしい本や
んっ！
サッ
あそんでほしい
おもちゃ

にちちゃんの
おとした
んっ！
サッ
食べかすが
ひからびたものも…

❸

❹

おとうたんは
はい！
ありがとう！
どれも大好きです

にちゃんは
ねむいときや
甘えたいとき
まんま〜
「まんま〜」
と言います

❶

❷

それがときどき
めんま〜
「めんま」って
きこえるから

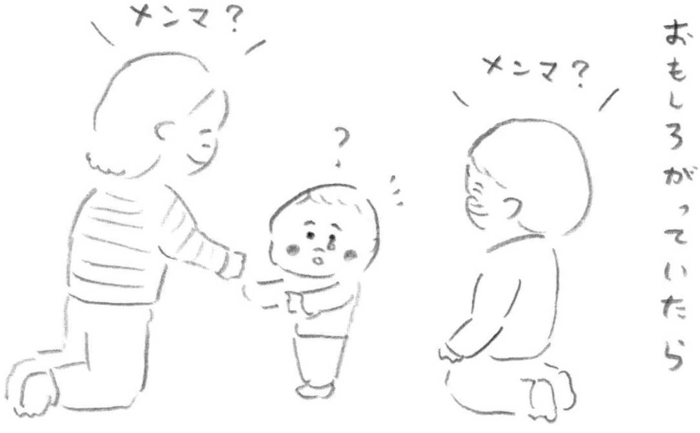
おもしろがっていたら
メンマ？
メンマ？
？

❸

❹

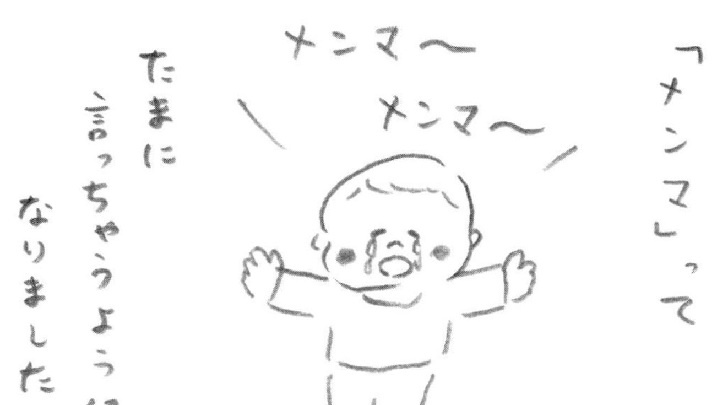
「メンマ」って
メンマ〜
メンマ〜
たまに
言っちゃうように
なりました

うすげのにちゃん

ぼくたちがよく「まえがみ」って言うから
にちゃんまえがみのびてきたね！
ほんとまえがみよかったね

❶

❷

まえがみ…
最近は「まえがみ」ときこえたら

自分の
かみを
さわるように
なりました

❸

❹

なぜか
すごく
切ない顔して
さわります…

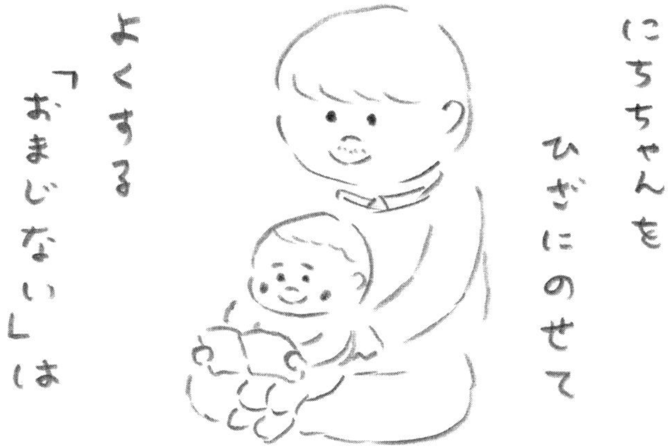
にちゃんを
ひざにのせて
よくする
「おまじない」は

❶

❷

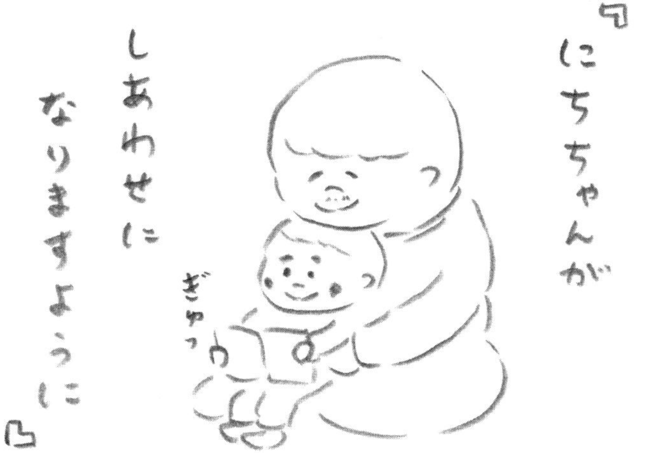
「にちゃんが
しあわせに
なりますように」
ぎゅっ

これから先 かならず
たくさんの楽しいこと
たくさんのつらいことを
経験するんだろうなぁ
チュンチュン

❸

❹

ぎゅ〜〜う

「ル」が言えない

❶

❷

❸

❹

たくさんたくさん

にちちゃんと2人で
おでかけした時に
にちちゃん〜
こっちこっち
キャキャキャ
ふと・・・

❶

❷

にちちゃんは
いつしか
物心つき
ぎゅっぎゅっ
やがて
今日のことは
忘れてしまう

でもきっと
たのしかった
しあわせだった
ぎゅ〜っ
っていう感覚は
のこると思う

❸

❹

だから
たくさんたくさん
キャハハ
バッ
笑わせて
あげられたらな
と思っています

聞こえてないふりも
できるようになりました
お父さんも
どらやき
ひと口 ほしいな〜
シ〜〜ン

やっと
髪を結べるように
なりました
にちちゃん
おねえさんだよ〜
メイちゃん
みたいでしょ〜

おねえさんに憧れるにちゃん

今日は「子どもの日」だから
にちゃんの日だよ
お祝いしよう!
にちゃん
「こども」ちがうよ!
「おねえさん」!!
あっ!そうだね
「おねえさん」だね…!
ごめんごめん…

魔女の宅急便ごっこが大好き

GO!GO!キキ!
GO!GO!キキ!
おとうたん とばさしてあげて〜!
ぼーちゃんは ジジ役
泡立て器

なんだ〜! ただの水たまり じゃないか〜
みて〜!
海が みえて きたよ〜!
ジジ役

「ルージュの伝言」
あの人の ママに 会うために〜
は〜い!
ラジオつけて〜!
いま ふさがってるの〜

おじさん?おばさん?

おとうたんは おじさん?
うん おじさんだよ
おかあさんは おねえさん? ちょっと おばさん??
おばさんだよ~
これ よんで~! おばさん~!
なんか それやだ・・・

親子3人のかんぱい

まだまだ

センチメンタル

おとうたん

はじめてのおつかい

にちちゃん
はじめてのおつかいは
注文してある本と
好きなポストカードを
買ってきてね！
うん！
わくわく♡
近所の本屋さんへ

いってらっしゃ〜い！
きをつけてね〜！
いってきま〜す！

あれっ!?
おとうさんが いない…!?
いやな予感…

そして…
おとうたんが 走っていくの お店から 見えたよ〜
ただいま〜!
やべ〜
もうやだ〜
しっかり見つかってました…

おとうたんの首巻き

にちちゃん
おとうたんのにおい
だいすき〜♡

いまの録音…
いや
録画しておいていいですか…

おとうたんが夜おそく帰ってきた日の翌朝・・・
にちちゃん おはよう〜
おとうたん おかえり〜
にちちゃん きのう さみしかった〜?
うん!
「おとうたんと いっしょねたい〜」って なかなか ねられなかった〜

そして妻に・・・
にちちゃん
そう言ってた？
ううん〜
にちちゃん
スッと寝てたよ〜

大好きなあそび

にちゃんが小さい頃に
おもちゃのカメラで
はい
とるよ〜
よくやってた
「セルフタイマーごっこ」

おとうたんは
ポ〜〜ズ
それを見ているのが
大好きでした

最近そのあそびを
ぽっくんとにちちゃんで
ぽっくんいそいで〜
一緒にやるようになりました

おとうたんは
心のカメラで
あぁ…
かわいい…
永久保存だよ…

とびきりうれしいお土産

にちゃんが前日から
初めて一人でお友だちの家に
お泊まりにいき
にちちゃん
どうしてるかな…
なんだかすごく
さみしくなっていました…
すると…
あっ！
帰ってきた♡
えっ…!?
絶対
こっち見ないで！
ちょっと
待っててね

なんと・・・
これ お土産〜♡
お買いもの行ったの〜
えっ!!
初めて自分のおこづかいでお土産を買ってきてくれたのでした
おとうたんの一生の宝物が
これ おとうたん好きでしょ? だから おとうたんしか見えなくて〜
おとうたんのこと考えてくれてたんだね・・・
またひとつ増えたのでした・・・

どうすればいいのシリーズ（週末編）

おとうたんは週末に
子どもたちと遊ぶことを
あ〜はやく
週末こないかな〜
何よりも楽しみに
日々をがんばっています
そして
週明けの月曜日はいつも
週末
たのしかったなあ…
にちちゃん早く
帰ってこないかな…
さみしくなって
しまってます…

でもこれから先
子どもたちの成長とともに
ともだちと
あそびにいって
きま〜す！
いって
らっしゃい…
一緒に過ごせる時間は
どんどん減っていくと思います

そうなったら
おとうたんは
いやだ〜！
まだまだ
一緒に遊びたいよ〜!!
どうすれば
いいのでしょうか…

最高のラブレター

6才のバレンタインに
はい!
これ おとうたんへ♡
ありがとう〜!
手作りのシステム手帳とお手紙をくれました
そのお手紙には・・・
「あのねとゆったら
いつも なーにと
ゆってくれて
ありがとお」…

とっても素敵なことに
気づけている
にちゃんに
そうだね〜
大切なことだよね…
おとうたんは
感動しました

おとうたんは
どんなに忙しくても
おとうたん
ちょっと来て〜!
え〜
なに〜!?
にちゃんの言葉に
ちゃんと耳を傾けるよ…

おとうたんマン

おとうたんは
え〜ん
え〜ん
にちちゃんが
泣いてる…！
はっ！
にちちゃんが
赤ちゃんの時から
仕事中でも
にちちゃ〜ん
どうしたの〜!?
え〜ん
サッ
飛んでいってしまい…

大きくなった今でも
えーん
にちちゃん！
なにがあった!?
サッ
それは変わりません・・・

いつかにちちゃんと
離れて暮らすように
なっても
おとうたんは
世界のどこへだって
飛んでいくからね

どうすればいいのシリーズ（就寝編）

でも
こうやってできるのも
きっとあと数年…
おとうたん
だいすき〜
ぎゅ〜♡
いやもしかしたら
あと数カ月かも…

そうなったら
おとうたんは
いやだ〜!
ずっとずっとずっと
一緒に寝たいよ〜!!!
どうすれば
いいのでしょうか…

おとうたんが
人生で一番
うれしかった
瞬間は
うまれたばかりの
にちゃんを
胸に抱っこしたとき
だったよ

大げさではなく
おとうたんは
この日のために
にちちゃん
ずっと待ってたよ～
はやく
会いたかったよ～
生きてきたんだなあ
と思ったよ

おとうたんとおかあさんの
ところへ
お空の上から
このおとうたんと
おかあさんにする～って
おりてきたんだよ～
へ～
そうなんだね～
やってきてくれて
ありがとう

おとうたんとおかあさんが
あげた
しあわせな時間

じいじとばあばが
くれた
やさしい時間

おともだちがくれた
たのしい時間

どうかこれから先も
にちちゃんのそばにいて
にちちゃんを
お守りください

しあわせとせつなさ

しあわせと
せつなさは
キャッ
キャッ
いつも
せなかあわせ

しあわせを感じると
ねえね
だっこだっこ〜
せつなさが
やってきます

せつなさを
感じられるってことは
うん…！
よかったね
しあわせの中に
いるってこと

そして
いまは二度と戻らない
大切なときだよ
そうだね…
ぎゅっ
そう気がつかせて
くれるのでした

にちちゃんのポケットに

にちちゃんは
おめでとう！
こう？
17さいになりました
にちちゃんは最近
外に世界が
広がっていることに
…
…
気がつき始めたように
感じます

おとうたんはね
すぐそばにいられるうちに
これ
もっていってね
にちゃんのポケットに

できるだけ
たくさんの愛を
いってきま〜す!
ちょっと
入れすぎたかな…
つめこんであげられたら
うれしいなあ

おとうたんが
今日一番
しあわせだった
のは？

う〜ん
おやつに
ドーナツ
食べたとき
かな〜
ふ〜ん
いいね〜

じゃあ
にちゃんは？
にちゃんは
いま〜♡
じゃあ
おとうたんも〜♡
おとうたん
だいすき〜♡

あとがき

ちいさな子どもたちがそばにいる今を
きっと 後で振り返った時に
人生で1番幸せな時間だったなぁと思うような気がします

そう分かっているのに 戻りたいと思った時には もう戻れない
今が 幸せで 愛おしくて 今を どうやって抱きしめたらいいのだろう
そんな気持ちを漫画にしました
なので 僕の幸せが詰まっていると思います

僕にとって 一生の宝物のような日々を
こうして1冊の本にまとめられたことを本当に嬉しく思います

にちゃんはこれから先 大きくなっていく中で 色々なことがあると思います
きっと 立ち止まってしまい 振り返りたくなるようなこともあると思います
そんな時に ふとこの本を開いて「おとうたん ばかだなぁ」と笑いながら
自分は誰よりも愛されていて
かけがえのない存在なんだということを思い出してくれたら
おとうたんは嬉しいです

本著は白泉社「kodomoe web」に掲載された
「センチメンタルおとうたん」を改編し、
未発表の作品と描きおろしを加えたものです。

えちがわ のりゆき

まんが家・絵本作家。1980年11月26日生まれ。島根県在住。
主な著書に、まんが『ほわころくらぶ』(KADOKAWA)、
絵本『おやすみ ほわころちゃん』(ポプラ社)、
絵本『うんころもち れっしゃ』(リトルモア)など。
ほわころくらぶ会長。
音楽活動として「うんころもち劇団」(人形劇と歌)。
http://www.echigawanoriyuki.com/

ブックデザイン:アルビレオ

センチメンタルおとうたん

2024年4月9日　第1刷発行

著　者　えちがわのりゆき

発行者　清田則子
発行所　株式会社講談社
〒112-8001 東京都文京区音羽2-12-21
販売　TEL 03-5395-3606
業務　TEL 03-5395-3615

編　集　株式会社講談社エディトリアル
代　表　堺 公江
〒112-0013 東京都文京区音羽1-17-18 護国寺SIAビル6F
編集部　TEL 03-5319-2171

印刷所　株式会社広済堂ネクスト
製本所　株式会社国宝社

定価はカバーに表示してあります。

落丁本・乱丁本は購入書店名を明記のうえ、講談社業務宛にお送りください。送料講談社負担にてお取換えいたします。
なお、この本についてのお問い合わせは、講談社エディトリアル宛にお願いいたします。

ISBN978-4-06-534989-2
N.D.C.726.1 191P 18cm